Cámbiame Señor

El Grito Angustiado De un Corazón Cansado de Sufrir...

Basado En testimonios De La Vida Real
De Personas Que Salieron De La
Prostitución Y Las Drogas

Haciendo Su Sueño,
Una Realidad...

www.jdnpublications.com
Tel. 508-880-8521
P.O. Box 741, Taunton, MA 02780

La Misión De JDN Publications Es Brindar Servicios Y Productos De Excelencia Y Con Integridad, Motivando A Nuevos Autores Cristianos A Compartir Su Fe En Jesús, Compartiendo Con Todo El Mundo Sus Experiencias, Conocimientos É Inspiraciones Que Han Recibido De Parte De Dios.

ISBN 978-1-938432+05-7

Cámbiame Señor, El Grito Angustiado De Un Corazón Cansado de Sufrir...

Publicado por JDN Publications, Taunton, MA.

Impreso en los Estados Unidos de Norteamérica

Algunas de las historias han sido modificados sus nombres y lugares para proteger la privacidad de los entrevistados.

Todas las citas bíblicas, a menos que se indique lo contrario, han sido tomadas de la Versión Reina Valera de 1960.

ISBN 978-1-938432-05-7
90000>

9 781938 432057

Para Ti

DEDICATORIA

A cada mujer valiente que lucha y persevera sin importar su pasado. A todas ustedes mujeres que han tenido la osadía de salir de la prostitución y las drogas. También a usted, princesa amada por Dios que todavía no sale de esta condición pero en estos momentos lo está intentando. A usted dedicamos este libro, deseando que Dios transforme su vida de tal manera que sea asombrada con la obra maravillosa que solo El puede hacer.

Nuestro objetivo es que al usted leer las letras que están plasmadas en este libro, decida perdonarse y darse una oportunidad, que logre entender que no hay necesidad de seguir ahí donde se encuentra hoy. Puede ser el comienzo de una nueva vida. No permita que los pensamientos negativos inunden su mente diciéndole que no lo podrás lograr o que no vale la pena intentarlo. Todo es posible si tan solo crees. Si Dios lo ha hecho con tantas mujeres, lo hará también con usted, no lo dude. Se que usted es valiente y podrá sobrepasar esos obstáculos que se le enfrentarán en el intento. No se rinda y luche, que Dios estará de su lado como poderoso gigante para ayudarle. Solo debe de clamar de lo más profundo de su corazón, "Cámbiame Señor" y verás como el milagro comenzará, No Se Rinda, que su milagro ya viene de camino.

Deseo que usted lea estas palabras que fueron escritas por un hombre que cometió los pecados más horribles que se puedan imaginar, pero encontró el perdón y luego exclama con alegría la dicha de sentirse perdonado. Fue escrito por el Rey David, un hombre muy apuesto y muy apasionado que amaba a Dios pero cedió ante los pecados de adulterio, asesinato, y mentiras. No hay mejor sentimiento que sentirse perdonado y libertado de la cárcel de la culpabilidad. Aquí le dejo el Salmo 32 para que lo disfrute. Haga estas palabras suyas.

1Bienaventurado aquel cuya transgresión ha sido perdonada, y cubierto su pecado. 2Bienaventurado el hombre a quien Jehová no culpa de iniquidad, Y en cuyo espíritu no hay engaño. 3Mientras callé, se envejecieron mis huesos En mi gemir todo el día. 4Porque de día y de noche se agravó sobre mí tu mano; Se volvió mi verdor en sequedades de verano. Selah 5 Mi pecado te declaré, y no encubrí mi iniquidad. Dije: Confesaré mis transgresiones a Jehová; Y tú perdonaste la maldad de mi pecado. Selah 6 Por esto orará a ti todo santo en el tiempo en que puedas ser hallado; Ciertamente en la inundación de muchas aguas no llegarán éstas a él. 7Tú eres mi refugio; me guardarás de la angustia; Con cánticos de liberación me rodearás. Selah 8 Te haré entender, y te enseñaré el camino en que debes andar; Sobre ti fijaré mis ojos. 9No seáis como el caballo, o como el mulo, sin entendimiento, Que han de ser sujetados con cabestro y con freno, Porque si no, no se acercan a ti. 10Muchos dolores habrá para el impío; Mas al que espera en Jehová, le rodea la misericordia.11Alegraos en Jehová y gozaos, justos; Y cantad con júbilo todos vosotros los rectos de corazón.

Salmo 32 (RV1960)

Amiga

INTRODUCCIÓN

La conocí durante un viaje a una de las ciudades Europeas más famosas del mundo. Cuando la ví por primera vez y la escuché hablar, inmediatamente captó mi atención. Alta y muy elegante, se veía segura de sí misma, su voz tronante, y con autoridad. Indudablemente, la gracia de Dios era sobre ella. Hablaba con una sabiduría impresionante, y si hubieras tenido la oportunidad de conocerla, también hubieras quedado impresionada. Jamás hubiera adivinado lo que mis oídos estaban a punto de escuchar. Me impresionaba al escuchar por los labios de aquella sierva de Dios que ella era prostituta.

Si no fuera porque conozco el poder de Dios, no lo hubiera podido creer. Mejor aún fue escuchar parte de su testimonio, de cómo Dios la había sacado del mundo de oscuridad, drogas, y prostitución donde se encontraba. Explicaba como sentía el desprecio y la humillación de los que le rodeaban. El maltrato de hombres sin escrúpulos y enfermizos. Gracias a Dios por su misericordia, porque el escoge aún de lo más vil y menospreciado, para avergonzar a los sabios. Dios es experto cambiando gente, sanando corazones, y transformando vidas destruidas; haciendo de ellos, instrumentos poderosos en sus manos, por eso dice su Palabra:

...sino que lo necio del mundo escogió Dios para avergonzar a los sabios; y lo débil del mundo escogió Dios para avergonzar a lo fuerte; y lo vil del mundo y lo menospreciado escogió Dios, y lo que no es, para deshacer lo que es. 1 Corintios 1:26-30

A pesar que pensé que lo había escuchado todo, más sorprendida quedé al escuchar por lo que esta mujer había tenido que experimentar en su vida. Solo el Espíritu Santo y el poder del Omnipotente puede transformar una mujer que se drogaba y prostituía, en una guerrera de Dios en contra del reino de las tinieblas. Sólo Dios puede transformarla en una perla preciosa de mucho valor y ahora ser usada grandemente para llevar el glorioso Evangelio de Jesucristo a las naciones.

Por princesas y perlas preciosas como ella y otras que he tenido el privilegio de conocer, quienes han pasado por terribles experiencias que han marcado sus vidas, es que este libro está en sus manos. Fueron ellas el instrumento que Dios utilizó para inspirarme a escribir "Cámbiame Señor." De modo que espero que este libro sea de gran bendición a su vida. Con todo mi corazón deseo decirle que Dios no se ha olvidado de usted, el le ama y porque le ama, me inquietó a plasmar estas palabras especialmente para usted.

Amada amiga, usted es una perla preciosa y de gran precio, aunque usted misma no lo pueda creer. Usted es una princesa de Dios, y no tiene la más mínima idea como Jesús desea que usted abra su corazón para poder hacer el milagro de liberación total en su vida. A lo mejor usted puede aparentar que se ve muy bien, que es feliz y todo marcha muy bien, pero por dentro siente que ya no hay ningún valor en usted, que ya no hay remedio para cambiar de estilo de vida ó que a lo mejor no vale la pena intentarlo. Déjeme decirle que aún no todo está perdido, nunca es tarde para comenzar una vida nueva, es tiempo de intentarlo nuevamente. Oro a Dios que en el nombre de Jesús sus ojos sean abiertos mientras usted lee este libro. Anímese porque hoy llegó el milagro que esperaba.

Por lo tanto, este libro es dedicado a usted y a todas las perlas preciosas que Dios creó pero que en este momento se encuentran en el lugar equivocado. Para usted que a pesar que es una princesa de Dios, a lo mejor se encuentra trabajando en el lugar incorrecto, en una casa de prostitución, ó trabajando como esclava sexual. Para usted que a lo mejor se encuentra en la situación de muchas jovencitas y niñas que están siendo víctimas del tráfico humano y la prostitución forzada en muchos lugares siendo obligadas bajo amenazas. Tambien para usted que a lo mejor ama tanto el dinero que siente que debe recurrir a este trabajo para lograr sus metas y sueños de manera fácil, pero a la larga le hace una infeliz. Este libro es para usted que a lo mejor esta llena de deudas y piensa que la única manera de conseguir el dinero que usted necesita es prostituyendo su cuerpo. Tambien para usted, que a lo mejor lo hace por tener dinero para mantener su vicio de adicción a las drogas.

Primeramente, quiero que sepa que usted es una joya preciosa, que Cristo le ama y el pagó un precio muy alto para redimirla y libertarla de las garras del enemigo. Es nuestro deseo que al usted leer este libro se convenza a creer la gran verdad que aún no ha descubierto. Usted posee un valor incalculable, no importa las circunstancias o la condición en que se encuentre en este preciso instante. Con mucho respeto y amor, de lo más profundo de mi corazón quiero que usted entienda que Dios no le creó para que venda su cuerpo al mejor postor, tampoco sus sueños ó sus ilusiones. Es de suma importancia que reconozca en la trampa en que usted ha caído.

Su peor enemigo, satanás que el Señor le reprenda, le ha engañado. El le ha hecho creer que ésta es la solución a los problemas financieros, o a su adicción. Le ha hecho pensar que como en muchos lugares la prostitución es legal, que esto es simplemente un trabajo más, que lo hace por la necesidad. Le ha tratado de convencer que no es un pecado, que solo es su trabajo temporario y luego lo dejará, le ha hecho pensar que es la manera más fácil de conseguir el dinero, sin pensar en todas las secuelas que esto traerá a su vida a consecuencia de esta mala decisión. De hecho, el enemigo nunca le dirá que le pasará si usted continua con este estilo de vida, todo lo contrario, el le engañará hasta que ya sea muy tarde.

De manera que jamás el enemigo le hará el camino fácil para que usted salga de ahí ya que el sabe que si usted conoce la verdad y se acerca a Jesús, su vida cambiará. Luego el día que usted parta de esta vida, usted irá a disfrutar de los tesoros en el Cielo donde el una vez perteneció. Lo que hay en el cielo le pertenece ahora a usted y muy pronto estaremos disfrutando con el por toda la eternidad. Cuando el enemigo quien era un ángel precioso se rebeló contra su Creador, Dios lo expulsó del Tercer Cielo a donde nunca más podrá estar, pero nosotros los que aceptemos a Jesús como nuestro Salvador y Señor estaremos reinando para siempre con el.

¿Sabias que usted y yo fuimos creados para no pecar? De hecho, cuando Dios le creó a usted nunca lo hizo con la intención de que usted pecara, pero a través de la rebelión de Lucifer el pecado entró a la humanidad. El engañó a Eva para que ella comiera de la fruta prohibida del árbol del cual Dios le había dicho que no comiese y el cual también dio a su compañero Adán. Por cuanto ambos pecaron, la maldición de la desobediencia entró a este mundo.

Por esta misma razón, es que aún en su interior usted está convencida en lo más profundo de su corazón, que lo que está haciendo está mal y no es lo mejor que existe para usted. En lo más profundo de su conciencia usted siente esa voz de su Creador que le indica que no debe de hacerlo. Por esta razón es que muchas veces se siente con culpabilidad, llena de tristeza, sintiéndose lejos de Dios y no sabe como acercarse a Él, porque el pecado le aleja o separa de Dios.

Sin embargo, hoy le traemos esperanza para usted. No es casualidad que este libro llegó a sus manos. Hoy hay buenas noticias para usted. Dios siempre piensa en usted, Jesús le ama, y según sacó de este mundo de oscuridad, de adicción y prostitución, a diferentes mujeres que he conocido, lo puede hacer con usted, si así usted lo desea, para Dios no hay nada imposible. Pero recuerde ustede debe hacer su parte.

Durante nuestro viaje a través de estas páginas, le llevaré a conocer algunas mujeres que tuvieron una vida de prostitución y adiciones pero que fueron transformadas por el poder de Dios. Aprenderemos que piensa Dios acerca de la prostitución y como llegar a una reconciliación con el para que usted tenga paz interior y disfrute de su presencia. Créame que es la intención de Dios transformar su vida y darle los deseos de su corazón sin usted tener que prostituirse. El es un Padre amoroso que le sabe dar buenas recompensas a sus hijos.

El todo lo puede, el es real y verdadero, le tratará con amor y atención, no la maltratará, no la traicionará, todo lo contrario, la tomará en sus brazos y podrás descansar sobre sus promesas.

Acompáñenos en este precioso viaje, le garantizo que su vida jamás será igual.

Rubí

CAPITULO
UNO

Conozcamos a Rubí, quien a la edad de 10 años llegó junto a su familia al estado de Los Ángeles, California. Esta humilde familia con muy pocos recursos emprendieron su viaje a Estados Unidos buscando un bienestar para su familia. Sus grandes sueños nunca pasaron de las cuatro paredes del edificio donde llegaron a vivir; un edificio donde el ambiente de la droga y el bajo mundo dominaba. Su madre, una mujer sufrida por los maltratos emocionales de su esposo, con carácter pasivo e indiferente. Su padre, un hombre trabajador y responsable pero de muy mal carácter, autoritario y extremadamente celoso, controlador y manipulador. El padre de Rubí nunca le mostró amor o cariño, menos afecto fraternal. Consecuentemente, fueron huellas muy profundas las que dejaron estos maltratos emocionales no solo para Rubí sino en todo el ámbito familiar.

El maltrato emocional provocó que Rubí se aíslara refugiandose en vecinos y amigos que sirvieron de ejemplo y a seguir. Rubí empezó a mirar las cosas que se hacían en este lugar donde ellos vivían, despertando así la curiosidad y el interés por el bajo mundo. A la edad de trece años ya había experimentado con diferentes drogas. El interés por experimentar con las drogas la llevó a seguir escalando buscando más satisfacción en drogas más fuertes. De tal manera, que ya a los 15 años de edad usaba heroína y a los 17 comenzó a inyectarse por las venas. También a esa edad comenzó a prostituirse para poder mantener su vicio.

A esta temprana edad se volvió una delincuente, llegó a una condición que le robaba a su propia madre para poder mantener su vicio. Su madre y su familia tenían que lidiar con ella tratando de ayudarla pero sin resultado alguno. Rubí sabia en su corazón que debía salir de ese mundo oscuro y era lo que más deseaba. Ella cuenta como miraba a otros hogares felices y ella lloraba porque también quería ser feliz pero no sabia cómo salir de esa condición. Deseaba cambiar, y cuando veía a su madre sufrir, ella lloraba y juraba que iba a salir de esta condición, que se quitaría, pero nunca lo podía lograr, volviendo siempre a lo mismo.

Aún siendo muy joven, conoce al hombre que se convertiría en padre de sus hijos, lamentablemente otro adicto a las drogas quien la enviaba a prostituirse para que conseguir dinero para mantener el vicio de ambos. Llegó a mezclarse con gatilleros que la usaban para sus fechorías y le pagaban con droga. Asaltaba hombres en complot con su esposo, ella los llevaba a un motel y al salir su esposo los asaltaba.

De esta manera continuaba hundiéndose en el oscuro y bajo mundo de drogas, prostitución y alcoholismo. Con este hombre tuvo hijos quienes se criaron viendo a su madre inyectarse droga y hasta en múltiples ocasiones verla caer como muerta por sobredosis. Estuvo en muchas ocasiones presa en el estado donde vivía por tráfico de drogas. Su vida iba de mal en peor, buscaba ayuda en espiritistas, brujos, recibía baños, collares y trabajos que a la larga solo la ponían peor.

En ocasiones se desaparecía para llegar a los tres días, toda sucia, sin bañarse, muchas veces golpeada por hombres que la dejaban como muerta. Sus hijos pasaban hambre, necesidades y hasta abandono de parte de sus padres quienes los dejaban solos para ir a buscar su droga. Cansada de esta situación, decide ir a su país natal con la excusa de quitarse de los vicios.

LOS SUEÑOS HECHO PEDAZOS

Ni Rubí, ni nosotros nacimos para ser perdedores o para vivir amargados y ver todos nuestros sueños hecho pedazos. Nacimos para vivir una vida muy diferente, pero las circunstancias de la vida nos van condicionando de tal manera que el enemigo toma ventaja para utilizarlas en contra nuestra. De esta manera nos aleja del destino de Dios para nuestras vidas. Cuantos sueños anidábamos en nuestro interior mientras íbamos creciendo. Algunos éramos grandes soñadores pero la vida se encargó de desilusionarnos hasta que perdimos la gran habilidad de seguir soñando.

La vida de Rubí era un caos, llena de amargura, soledad, falta de paz y felicidad. Así puede ser la vida cuando Dios no es el centro de ella. Mientras las personas no descubran y acepten que necesitan de Dios, que sólo el debe llenar ese lugar en el corazón, nunca tendrán paz ni felicidad. Dios creó al ser humano para tener comunión con el, de lo contrario el ser humano tiene un vacío que no lo puede llenar con drogas, placeres, fama o fortuna. No es hasta que usted le abre su corazón a Dios que encuentra la verdadera felicidad, el es su Creador.

Rubí tenía buenas intenciones de quitarse de su vicio, pero sola no podía lograrlo. Estaba dispuesta a romper su vicio en frío, pero además de la buena voluntad del individuo se necesita una fuerza divina de parte de Dios para poder lograrlo permanentemente. Bien lo dice la Palabra de Dios *"...Porque separados de mi nada podéis hacer,"* Juan 15:5. Pero Dios no se había olvidado de Rubí, durante este viaje, ella se encontró a un viejo amigo que había estado por muchos años en la misma condición en que ella se encontraba, sin embargo ahora estaba muy bien vestido, arreglado y saludable. Al ver este gran cambio, le preguntó que le aconteció. Inmediatamente este muchacho le testificó como Jesús había entrado en el corazón de el cambiándolo completamente.

UNA VIDA TRANSFORMADA

El le contó lo que Dios hizo con él, como Dios había transformado su vida y ya hacía muchos años que había dejado ese bajo mundo. Ahora sonreía y era feliz. Cuando Rubí le explica que había venido a su país a romper vicio en frío, el la convido a una Iglesia cristiana del Evangelio completo. Aunque ese día no le entregó su corazón a Cristo, fue ahí donde escuchó por primera vez que había un Dios que la amaba y quería cambiar su vida. Por primera vez pensó que a lo mejor había alguna esperanza.

Uno de los familiares de Rubí que les acompañó, sí le entregó su corazón a Jesús. Este familiar comienza a hablarle de este Cristo Jesús que cambia y transforma, que liberta y sana el corazón herido. Al fin llegó el momento para Rubí. Ella fue invitada por su familiar a un servicio especial en la Iglesia y después de mucha insistencia ella cedió. Mientras estaba escuchando la Palabra de Dios Rubí comenzó a experimentar algo que nunca en su vida había experimentado, era como si el amor de Dios comenzara a fluir de manera especial en su vida. Ella sintió el gran amor de Dios y como sin nadie conocerla, el predicador hablaba como si la conociera de toda su vida. Ella no se explica como pero sin darse cuenta ya estaba en el altar llorando y arrepentida por sus pecados.

El Espíritu Santo hizo una obra drástica en ella, ese mismo día nos cuenta que fue transformada, jamás volvió al punto de droga y prostitución. Comenzó a leer la Biblia y a orar, Dios llenó ese vacío que había en ella. Su hogar cambió totalmente, sus hijos ahora eran muy bien atendidos, ahora había paz en su vida. Hoy Rubí se encuentra predicando la Palabra de Dios a las naciones. Hace aproximadamente 30 años que está limpia, jamás ha vuelto a sentir la necesidad de usar droga o prostituirse. Dios la libertó.

¿DESEA USTED LA LIBERTAD QUE EXPERIMENTO RUBÍ DE ESTA VIDA DE PROSTITUCIÓN Y DE LAS DROGAS?

Para Dios no hay nada imposible. El es fiel y verdadero. Sólo debes de creerle y tener la disposición para tomar esta decisión y pedirle a Dios que entre en su corazón, el lo hará si en realidad se atreve a creerle. Vamos, si en realidad deseas ser libertada repita esta oración en voz alta conmigo:

Padre Celestial:

Yo se que soy pecadora y que te he fallado pecando contra ti y que no me puedo salvar a mi misma. Acepto el sacrificio que hiciste por mi en la cruz del Calvario, enviando a Jesús tu amado hijo a morir en la cruz por mis pecados. Confieso mis pecados, y recibo tu perdón; escribe mi nombre en el Libro de La Vida y límpiame, cámbiame y purifícame a través de tu Espíritu Santo. Te pido que me des hambre por las cosas espirituales. En el nombre de Jesús, Amen.

Si has hecho esta simple oración, le felicito, ya vas en camino a su restauración. Pero eso no es todo, ahora pide a Dios que le indique a donde debes de ir por ayuda. Rubí nos cuenta que una de las cosas que más le ayudó y fue clave para su éxito, fue que una vez que salió de ese mundo, jamás volvió ni tan siquiera a saludar a la gente que conocía hasta que estuvo libre completamente y preparada para ayudarles a ser también libertadas. De hecho al volver tan cambiada y diferente ellos se asombraban y no la reconocían del cambio tan grande que Dios había echo en su vida.

Por lo tanto, es de suma importancia que si usted desea ser cambiada y salir de este mundo oscuro, una vez que usted le entregue su corazón al Señor, si tiene la posibilidad deberá salir de ese circulo de amistades que están en lo mismo. Si su circulo de amigos son personas que le van a influenciar para usted volver a lo mismo, entonces deberá de alejarse por completo de ese ambiente. Si usted se mantiene en el mismo lugar, rodeada de las mismas personas entonces será vulnerable y sin dudas serás tentada a volver a lo mismo. Es como el alcohólico que quiere dejar de beber bebidas alcohólicas pero continua frecuentando las barras donde están sus amigos tomando licor, volverá entonces a lo mismo.

De manera que si Dios hizo este gran cambio en esta mujer y hoy la tiene predicando a las naciones. ¿Cree que también el puede hacerlo con usted? Claro que sí. En Hechos 10:34 dice *"Entonces Pedro, abriendo la boca, dijo: En verdad comprendo que Dios no hace acepción de personas"* (RV 1960).

Al igual que Rubí, usted también es una perla preciosa en las manos de un Dios de amor y misericordia, aun mas, eres hija de Dios, no permitas que el enemigo de su alma le haga creer lo contrario. ¿Sabes? Ya satanás no tiene remedio, ya el tiene su destino que es el lago de azufre y por esta razón engaña a la humanidad para llevárselos con el. La humanidad ha caído en las manos engañosas de su enemigo quien les conduce a la perdición, y muchos caen en sus engaños. La Palabra de Dios dice en Juan 10:10 *"El ladrón no viene sino para hurtar y matar y destruir; yo he venido para que tengan vida, y para que la tengan en abundancia."*

En otras palabras, el ladrón que es satanás vino a robar su alegría, su felicidad, su moral, sus sueños e ilusiones. Pero el no tiene la última palabra, y usted no tiene que ceder ante los engaños de el. Es tiempo de levantarse y que no le permitas ni un solo día más a ese ladrón de sueños. Porque en algunos lugares la prostitución sea legal ante las leyes de los hombres no quiere decir que es lo correcto.

No se deje engañar por su adversario, después de todo es usted que va a pagar las consecuencias de vivir una vida desordenada, eso es exactamente lo que desea su enemigo. No le des la oportunidad de ver su vida hecha pedazos.

Rose

CAPITULO
DOS

Hablemos de Rose, la conocí deambulando por las calles de Estados Unidos, con hambre, cansada, y con su ropa sucia. "Estoy cansada de estar cansada y hambrienta, no tengo a donde ir, tengo sueño y me quisiera dar un baño, estoy cansada de robar para poder comer," eran las palabras de desesperación de Rose; una preciosa joven rubia de ojos azules, pero con las marcas de la prostitución, el uso de las drogas y vagabunda. Tenía aproximadamente unos 21 años de edad, pero desde los dieciséis años ya estaba viviendo en las calles, rodando de albergue en albergue hasta donde la cojiera la noche.

Conocía muy bien todos los lugares a donde le ofrecíamos llevarla para buscarle ayuda, nos decía que ya los había visitado todos. Que dolor escuchar de los labios de esta preciosa joven una de las muchas historias que suelen a repetirse a diario a nuestro alrededor. Evidentemente, Rose es una muchacha joven vagabunda que ha creído la mentira de satanás de que la única manera para poder sobrevivir es aprender a sobrevivir en el mundo oscuro de la prostitución y las drogas. La vida de esta muchacha se puede describir desde la prostitución y las mentiras que inventa para poder entrar en el hospital a pasar la noche; hasta el abuso por hombres que la golpean y la maltratan como si fuera un objeto de poco valor. De hecho, ya las historias de que se quiere suicidar no se las creen en el hospital, continuamente es sacada afuera fuera cada vez que se asoma, pues solo lo hace para tener un lugar seguro en donde pasar la noche. Su hermoso pelo largo esta maltratado, sucio, lleno de nudos y pajillas de la grama, lo cual nos deja claro que Rose hace algún tiempo no se da un buen aseo personal.

Entre lagrimas y sollozos Rose nos cuenta la razón que supuestamente la llevó a esta condición. Decía que la relación con su madre fue muy buena hasta que llegó un padrastro a la relación. Con pesar recuerda como su madre y ella eran como las mejores amigas; compartían, se comunicaban y se llevaban muy bien. Lamentablemente este hombre quien debió haber cuidado de su nueva ahijada, quien debió de protegerla y respetarla, a la edad de 10 años la molestó y abusó sexualmente de ella. Cuando su madre se entera, en lugar de defenderla la rechazó culpándola y creyendo a el; quien acusó a su hija alegando que fue ella quien lo sedujo. Lamentablemente y como suele suceder en muchos casos, su madre le creyó a el. El la convenció que su hija menor de edad, de solo diez años se propasó con el, quien era de aproximadamente treinta y tanto años de edad.

De modo que en el hogar donde había existido amor y cariño para Rose ahora se convirtió en un hogar donde los insultos, enfrentamientos, y maltratos hacia ella no podían ser más fuertes, hasta que a la edad de 16 años la echaron de su hogar. Rose no solo perdió su virginidad en las manos de aquel hombre que debió de haberla protegido como a su hija propia sino que también perdió la amiga que había encontrado en su madre, lo cual fue una de las causas primordiales para ella revelarse contra la autoridad maternal.

Mientras Rose hablaba y contaba su historia reflejaba el odio, el coraje, y la tristeza que sentía cuando mencionaba a su madre. Es obvio que ella ésta muy resentida y dice que su madre le negó el amor y el cariño que hoy le da a los hijos más pequeños. Al aconsejarla de que tratara de hablar con su madre y llegar a una reconciliación con ella, que la perdonara y tratara de rehacer su vida con la ayuda de profesionales, dijo que lo había intentado pero que su madre seguía creyendo que ella fue la culpable.

En estos momentos mientras escribimos este libro Rose tiene un hijo de año y medio de edad, hermoso, pero no lo puede disfrutar, el está al cuidado del estado porque ella no tiene los recursos y la capacidad para cuidarlo. Además de todo esto Rose esta aferrada a la mentira de que su abuela que murió hace muchos años es quien la cuida y la protege, en otras palabras ese es su dios. Le hablamos del amor de Cristo y oramos por ella pidiéndole a Dios que entrara en su corazón y la ayudara a volver a comenzar una vida nueva. Pero su disposición a intentarlo es el punto clave para la vida de Rose.

Lo peor de todo en esta historia es que así como el caso de Rose son incontable los casos que existen a nuestro alrededor donde las niñas o jóvenes que son molestados sexualmente son acusados por sus propias madres en vez de ser ayudados para sanar de dicha situación. Quiero hacer un énfasis en este asunto, permítame un momento por favor. Cada vez que alguién que es mayor de edad abusa de un menor, no importa cual hayan sido los motivos ó circunstancias, el menor no debe ser el culpable, ya que el adulto es quien posee la madurez para evitar cualquier situación antes de que suceda.

Si usted fue acosada o abuzada por un adulto en su niñez, usted no tuvo la culpa, fue el adulto quien debió de haber parado la situación. Lamentablemente en los tiempos en que estamos viviendo la depravación ha escalado en niveles tan grandes que hay personas de todos las clases sociales que aprueban la relaciones sexuales de todo tipo y a cualquier edad.

TRAJEDIA INECESARIA

Mi corazón se rompía en pedazos al escuchar una tragedia que sucedió años atrás. Escuché la historia de una niña muy joven que se quitó la vida después que en muchas ocasiones intentaba que su madre le creyera que su padrastro abusaba sexualmente de ella. Su madre en vez de creer y ayudarle la acusó diciéndole que ella fue la que se propasó con su hombre, mientras los abusos continuaban.

La niña que acababa de entrar en la pubertad, frente a los abusos vio la unica salida en el suicidio. Una noche decidió terminar con su vida suicidándose porque su madre no creía. Ella quería desesperadamente evitar el abuso sexual del hombre que se suponía que cuidara de ella, al no encontrarlo, satanás la engañó diciéndole que terminara con su vida. Hoy, su madre vive como una demente, su conciencia la aatormenta y no se puede perdonar ella misma por no haber escuchado a su hija cuando le pedía ayuda.

Rose nos decía como había corrido de hombre en hombre tratando de establecer una relación estable, pero sólo era vista como un objeto sexual. Aún nos mostraba las cicatrices en todo su cuerpo de heridas causadas por diferentes hombres, desde cortaduras hasta quemaduras de cigarrillo a propósito como torturas cuando supuestamente no se portaba bien con uno de los hombres que la prostituía. Nos explicaba como había estado en un lugar donde se le estaba ayudando pero tenía que someterse a sencillas reglas que para Rose eran simplemente imposibles dado a su corazón rebelde. Al romper las reglas ella tuvo marcharse del lugar. Rose prefiere estar en la prostitución y las calles que someterse a simples reglas de orden y autoridad en lo que se supera y logra sus metas.

Después de tratar de ayudarle en lo que pudimos, una pareja que son muy amables y serviciales hicieron lo máximo por buscarle ayuda. Luego de hacer muchas llamadas telefónicas y averiguar como podían ayudar a esta muchacha encontraron un lugar donde cedieron a recibirla aunque ya la hora de check-in había pasado. En este lugar, las personas con mucho amor y disposición dijeron que la ayudarían a levantarse y a volver a la vida saludable, hasta le ayudarían a conseguir trabajo. Rose quería cambiar y quería recibir la ayuda y todos los beneficios pero lamentablemente no quería someterse a las reglas que le impondrían en ningún lugar. Así que cuando la iban a llevar al pueblo donde le abrieron las puertas para ayudarla, desapareció.

Indudablemente, es importante entender que si usted desea cambios deberá de someter su propia voluntad para recibir reglas y limites en cualquier lugar donde usted reciba ayuda temporaria. De modo que simplemente ponga de su parte en los lugares donde le quieren ayudar. Hay muchos lugares que le ofrecen ayuda, y como en todo lugar o trabajo, como en toda institución o club social, también hay reglas a seguir. No permita usted seguir viviendo una vida de esclavitud emocional simplemente por no someterse a las reglas del lugar en donde le quieren ayudar. Hay muchos lugares cristianos que les ofrecen ayuda sincera y de manera gratuita, averigüe, pregunte y no se rinda hasta que encuentre alguno en su área local donde vive.

Después de todo, las reglas son importantes, porque nos ayudan a desarrollar una vida disciplinada. Al fin y al cabo nosotros somos los que saldremos beneficiados. Así que no se cohíba de disfrutar de una vida mejor, simplemente porque en algún lugar le exigen que arregles la cama al levantarse, o que a tal hora deberás de estar adentro del lugar. Luego diras "Verdaderamente, valió la pena."

Tania

No conocí a Tania personalmente pero escuché su historia. Una mujer muy elegante y profesional quien trabaja en una de las entidades más importante de su país, uno de los países líderes en el mundo occidental. Ocultaba su rostro por vergüenza para que su familia no se enterase de lo que hacía. Durante el día es la mujer profesional que todos desearían como colega en una oficina de ejecutivos. Una mujer con educación, muchos años de estudios para lograr su profesión pero con un serio problema; por las noches es prostituta y también prostituye a otras.

Cuando a Tania le preguntan ¿cual es su adición? ella rápidamente contestó, el dinero. Ella admite que no es un trabajo fácil y mucho menos decente, éxplica que nadie lo haría si no fuera por necesidad o en este caso por la avaricia de querer tener más. Ella comenzó desde muy jovencita cuando en sus ganas de tener cosas materiales comenzó a dejarse llevar por hombres enfermizos que le proponían sexo a cambio de las cosas que ella deseaba, lo que aparentemente sus padres no le podían dar. Su familia no está enterada de lo que ella hace, pero la avaricia y el amor desordenado hacia el dinero la llevan a sucumbir en esta condición. Tania ha sido una mujer infeliz toda su vida, admite que su amor al dinero la llevó a traicionar muchas relaciones buenas e importantes ganando la desconfianza de los demás.

SOLO APARIENCIAS

Tania invierte mucho dinero en su intento de lucir hermosa cada día para atraer mas clientela, de modo que ha invertido una fortuna tratando de aparentar lo que no és, algo que pronto con el pasar de los años será inevitable ocultar. Así como Tania hay muchas mujeres que han caído en las garras de un enemigo que las destruye atando sus mentes a todo tipo de vicios y estilos de vida que las destruyen sutilmente. Ella es una de las tantas que viven con culpabilidad, depresiones y cansada de este estilo de vida pero no encuentra como salir.

Indudablemente Tania no necesita vivir de apariencias o del materialismo para ser feliz, pero su vacío interior la lleva a buscar lo que tanto anhela su corazón, la felicidad. Algo que jamás encontrará mientras continúe en este bajo mundo. De hecho, aunque posee una profesión y dinero se siente la mujer más infeliz del mundo, no tiene amistades verdaderas y sólo recibe traiciones. A raíz de su condición también cayó en los vicios de pastillas, drogas y alcohol. Su vida va cada día de mal en peor mientras observa con dolor los resultados de su mal proceder, pues cada día las cosas empeoran para Tania. Lamentablemente, si ella no avanza a arreglar su vida, no le ira bien. Mientras la entrevistan, se siente en su hablar la tristesa tan grande que la embarga.

Tania aprendió a vivir de apariencias, nada le satisface y continúa buscando en el materialismo, el dinero y la avaricia lo que más necesita en su vida, la felicidad. De que le vale a Tania tener un bonito cuerpo y dinero si lo más importante que es la felicidad, no la puede disfrutar. Lamentablemente su vida se va desgastando cada día llena de amargura y dolor hasta que al final su alma se pierde si no hace algo al respecto. Esa es la especialidad de su enemigo, engañarle y luego esclavizarla hasta que se lleve su alma.

LA RAIZ DE TODOS LOS MALES

Mientras entrevistabamos diferentes mujeres que habian sido prostitutas o personas que habían estado trabajando en organizaciones que ayudan en esta área, me sorprendí al descubrir que a pesar de que el trafico humano prostituye a muchas mujeres involuntariamente, hay un gran numero de las prostitutas que lo hacen por la avaricia. En otras palabras el amor al dinero o el deseo desordenado de querer tener más, les lleva a caer en el engaño de hacerlo por necesidad.

Si usted se puede identificar con algunas de estas mujeres que hemos mencionado incluyendo a Tania, no es usted la única. Son muchas las que se encuentran en esta situación y deseamos ayudarle, no acusarle. Deseamos ayudarle a restaurar su autoestima, sus prioridades y su valor de mujer. Usted es un baluarte que no debe de ser objeto de hombres que tienen una mente esclavizada al pecado y hasta enfermos sexuales que a la larga le harán daño a usted y a su salud. La Palabra de Dios dice:

"Porque el amor del dinero es la raíz de todos los males: el cual codiciando algunos, se descaminaron de la fe, y fueron traspasados de muchos dolores."
1 Timoteo 6:10

Se ha preguntado alguna vez ¿Como mira Dios la prostitución?, las Escrituras describen como Dios se siente ante este pecado, y por supuesto no lo aprueba. Sin embargo, quiero dejarle saber muy claro que hubieron mujeres en la Biblia que fueron prostitutas pero Dios las rescató de esa manera de vivir. Las perdonó, las limpió, y vinieron a ser grandes mujeres de influencia en la Biblia, tanto así, que aún hoy se mencionan por sus logros, los cuales fueron plasmados en las paginas de las Sagradas Escrituras. Nosotros somos un libro abierto para el mundo entero y lo que fuimos, lo que somos y lo que seremos, puede quedar plasmado en las páginas de la historia de esta humanidad. Le animo a que usted sea una de ellas.

FELICIDAD, ES PAZ EN EL CORAZÓN

Por lo tanto, Que usted me respondería si le preguntara, ¿Eres Feliz? Si me fueras a responder sinceramente, sin mentiras, y desde lo más profundo de su corazón, le aseguro que la respuesta sería un rotundo ¡NO! Y es que no se puede ser feliz si no se tiene paz en el corazón. Por esta razón amiga le invito a que seas sincera con usted misma, no vale la pena mentirse uno mismo sabiendo que las consecuencias serán devastadoras. Figura preguntar en estos momentos una vez más, ¿Eres Feliz?

Si usted no siente paz en el corazón, no puede tampoco disfrutar de felicidad, y ¿Sabes? la paz en su corazón solamente puede venir de parte de Dios. No hay dinero, profesión, fama, ni fortuna que le pueda dar la paz que solamente Dios le puede dar. Cuando Dios creó al ser humano, lo creó del polvo de la tierra. Pero cuando este hombre hecho de polvo é inerte aún no tenia vida, dice Las Sagradas Escrituras; **"Entonces Jehová Dios formó al hombre del polvo de la tierra, y sopló en su nariz aliento de vida, y fue el hombre un ser viviente."** Gén. 2:7

En otras palabras, el hombre recibió espíritu de vida de parte de Dios, por esta razón es que dentro de cada ser humano hay una necesidad de adorar a un ser supremo, a nuestro Creador quien nos dio aliento de vida. Muchos adoran falsos dioses, animales, objetos, o a su propio cuerpo, pero solo cuando se adora al Dios verdadero—quien dió a su Hijo Unigénito por amor a esta humanidad, muriendo en la cruz del Calvario para llevar nuestros pecados—sólo entonces es que podemos volver a llenar ese vacío y esa necesidad de adorar. De hecho, solo así es que vuelve a nosotros esa felicidad que Dios quiso darnos desde el principio.

No pierda más tiempo tratando de buscar en otros medios lo que solo Jesús puede darle, la paz que tanto anhela su corazón. Dios creó al ser humano para que tuviera paz y comunión con Dios. Pero cuando el hombre y la mujer desobedecieron a su Creador perdieron esa paz. El enemigo aprovechó esta desobediencia para traer muerte, calamidad y destrucción a la humanidad. Por esta razón Dios envió a Jesús a morir por sus pecados en la cruz del Calvario. El lo hizo por amor a usted. Desde ese entonces satanás le ha hecho la vida miserable al ser humano, por eso es que el enemigo le engaña para destruir no solamente su cuerpo, sino también su alma, trayendo culpabilidad, depresión y al final robarle su alma y llevársela al infierno.

Pero hoy Jesús le dice que le ama, que ha estado esperando por usted y que hay esperanza, por eso usted tiene este libro en sus manos. Jesús le ama y lo mismo que dijo cuando vino a esta tierra le dice a usted hoy; **"Yo soy el camino, y la verdad, y la vida; nadie viene al Padre, sino por mi."** Juan 1;6 Lo único que debe de hacer es abrir su corazón y dejarle entrar para que sea el quien gobierne su vida. Puedes hacerlo con una simple oración repitiéndola en voz alta:

Padre Celestial:

Yo se que soy pecadora y que te he fallado pecando contra ti y que no me puedo salvar a mi misma. Acepto el sacrificio que hiciste por mi en la cruz del Calvario, enviando a Jesús tu amado hijo a morir en la cruz por mis pecados. Confieso mis pecados, y recibo tu perdón; escribe mi nombre en el Libro de La Vida y límpiame, cámbiame y purifícame a través de tu Espíritu Santo. Te pido que me des hambre por las cosas espirituales. En el nombre de Jesús, Amen.

Si has hecho esta simple oración, te felicito, eres bienvenida a la familia de Cristo. Ahora, hay algo muy importante que debes de hacer para poder ver los cambios que deseas. Donde vives, averigua cual Iglesia le queda más cerca donde se predique la Palabra de Dios y evangelio completo sin añadirle ni quitarle. Oro a Dios para que el Espíritu Santo le guie. Pídale al Espíritu Santo que por favor le guie al lugar correcto, ya que su vida espiritual crecerá dependiendo de el lugar correcto.

Si no posees una Biblia consiga una lo antes posible, comienza a leerla y a aprender acerca de quien era Jesús cuando estuvo en la tierra. Aproximadamente en el mismo centro de la Biblia hay una división entre el Nuevo y el Antiguo Testamento, comience a leer el Nuevo Testamento que comienza con Mateo, para que puedas aprender acerca de Jesús, nuestro Salvador.

Comience también a leer los primeros capítulos del libro de Génesis donde podrás aprender acerca de la Creación y el Dios que nos creó para que usted adquiera conocimiento. Algo que es muy importante para que tengas victoria y ya no seas victima del enemigo es sacar todos los días por lo menos un tiempo a solas para que puedas leer las Escrituras, orar, que es hablar con Dios, y meditar en su Palabra. Dios comenzará a manifestarse de una forma muy especial en su vida, Asi que enamórese de Jesús y disfrute esos momentos de intimidad con el mientras lee su Palabra y disfruta de su presencia. No piense que todo será color de rosas, la vida trae problemas y angustias pero cuando tenemos a Dios de nuestra parte tenemos la fuerza mas grande del universo a nuestro favor.

Anímese y atrévase a creerle a Dios, el puede hacer con usted lo que hizo con una mujer que nos cuenta la Palabra, que de prostituta vino a ser una gran mujer de valor. Veamos como una prostituta se atrevió a decirle sí a Dios y fue librada de sus enemigos y de una muerte inminente, no sólo ella pero toda su familia, viniendo a ser una mujer de grande influencia.

Rahab

CAPITULO
CUATRO

Como les mencione en el capitulo anterior, en la Biblia encontramos los relatos de algunas mujeres que fueron prostitutas, pero cuando tuvieron un encuentro con el Dios verdadero, sus vidas fueron transformadas. Este fue el caso de Rahab, la ramera. Su familia pertenecía a una cultura pagana de las religiones cananeas, la cual usaban sus extraviadas actividades sexuales como ofrendas a sus dioses falsos. Vivía en Jericó, una ciudad pagana y enemiga de Dios, la cual era parte de las ciudades que Dios les había entregado a su pueblo Israel, y debía de ser destruida completamente.

La casa de Rahab la ramera como todos la conocían, estaba localizada encima del muro que protegía la ciudad por lo tanto era un buen lugar estratégico donde los espías buscaron esconderse y también adquirir información acerca de la ciudad. Esta mujer se enfrentó al mismo rey y no quiso entregar a los espías, sino más bien los escondió para salvar sus vidas y luego los ayudó a huir por el muro con un cordón de grana, lo cual sirvió luego como señal del acuerdo que ella pidió a los espías. Ese cordón identificaría la casa de Rahab para ser refugiada inmediatamente que el pueblo de Israel poseyera la ciudad. Lo cual así sucedió.

Rahab había escuchado todas las obras grandiosas que Dios había hecho con su pueblo. De como los había sacado con gran poder de la esclavitud de Egipto, como les había dado la victoria sobre reyes y ejércitos preparados aun mejores que ellos. El próximo lugar era Jericó, el cual seria destruido completamente. Ella confiesa a los espías que sabe que Dios es Dios en los cielos y en la tierra y que por lo tanto ella proclamaba que ese era su Dios. Ella creyó en el Dios de Israel, "Oyendo esto, ha desmayado nuestro corazón; ni ha quedado más aliento en hombre alguno por causa de vosotros, porque Jehová vuestro Dios es Dios arriba en los cielos y abajo en la tierra," Jos. 2:11.

Ella fue una mujer inteligente que tomó la correcta decisión de dejar su pasado y comenzar una nueva vida. Relativamente, de tantas personas que vivían en esta ciudad, sólo ella y su parentela fueron librados. A pesar de que era una prostituta ella reconoció que Dios era el único que tenia el poder y su condición no impidió que el amor de Dios la alcanzara. Su pasado no la descalificó para el milagro de Dios que ella necesitaba. Su pasado no le impidió que ella llegara a ser una mujer de gran influencia. Dios cambió su destino después que ella le hubo reconocido. Fue bendecida por Dios de tal manera que vino a ser parte de la familia de Jesús, el hombre mas esperado e importante de la historia de la humanidad. No solo su mención como parte de los antepasados de Jesús pero también vino a ser famosa porque le creyó a Dios y ayudó a los espías de Dios en una importante misión.

La prostitución siempre fue visto por Dios como una abominación y en su pueblo el ordenó que no hubiera prostituta de las hijas de Israel, refiriéndose a su pueblo. Por lo tanto cuando Israel viene a conquistar a Jericó, Dios mostró su amor y misericordia cuando la única mujer que se salvó con su familia fue exactamente Rahab la ramera. Aquí podemos ver que Dios no hace acepción de personas, que no importa su condición, el amor y la misericordia están extendidas para usted en el preciso momento en que clamas a Dios y se humille ante su presencia reconociendo que el es Su Salvador. Me imagino cuantos desprecios y rechazos habrá experimentado Rahab de parte de sus vecinas y de los que sabían a lo que ella se dedicaba. Me imagino que su nombre era popular entre los chismes que corrían de ella pero Dios cambió su destino para siempre.

Rahab al igual que muchas mujeres que hemos conocido vivía en el oscuro mundo de la prostitución. Un mundo descrito por ellas mismas como lo peor que se puede vivir, lleno de soledad, desconsuelo y engaño, donde solo la muerte emocional, el sida, y las enfermedades veneras dominan. Un ambiente lleno de hipocresía, bebidas alcohólicas, drogas y sexo con hombres enfermos que suelen buscar en ellas, solo placer momentáneo. Exponiéndolas a toda clase de antojos e indecencias que se ven obligadas a cumplir, llegando a aborrecer muchas veces sus mismos cuerpos. Evidentemente Rahab aprovechó la oportunidad que tuvo para salir de esta condición cuando dos siervos de Dios llegaron a su casa para espiar la ciudad que pronto seria destruida.

Rahab la ramera se convirtió en la tatarabuela del rey David, de cuyo linaje descendió el Mesías esperado. El Salvador de toda la humanidad, nuestro Señor Jesucristo. (Mt. 1:5-6). Esta mujer quien era ramera, vino a ser una de las heroínas del pueblo de Dios cuando decidió creerle a Dios. De hecho aún el mismo Jesús hace mención de ella durante su estadía en esta tierra. Esta mujer se atrevió a desafiar el estatus quo cuando el pueblo de Israel iba a entrar a la tierra de Canaán. Nadie vio lo que ella vio, nadie tomó la decisión que ella tomó. Ella fue la única que pudo reconocer que en estos dos hombres había algo muy diferente a los demás y ella quería de eso que había en ellos. Ella quería de esa fe que los distinguía al ser hijos del Dios todo poderoso, el Dios de Israel.

Ella pudo reconocer que estos dos hombres en particular eran siervos del Dios de Israel, veamos lo que nos dice la historia. "Por la Fe Rahab la ramera no pereció juntamente con los desobedientes, habiendo recibido a los espías en paz," (Hebreos 11:31). Así que cuando ellos invadieron a Jericó por mandato divino y hubo aquel milagro que las murallas de Jericó fueron reducidas a polvo, los únicos sobrevivientes fueron Rahab la ramera y los que estaban dentro de su casa, sin acepción de personas.

Las palabras de los siervos de Dios fueron especificas "…solamente Rahab la ramera vivirá, con todos los que estén en casa con ella, por cuanto escondió a los mensajeros que enviamos," Josué 6:17. De modo que vemos la misericordia y el amor de Dios para aquellos que reconocen a Dios como su Señor, en el versículo 23 vemos que ellos sacaron a Rahab y a su parentela. "Y los espías entraron y sacaron a Rahab, a su padre, a su madre, a sus hermanos y todo lo que era suyo; y también sacaron a toda su parentela."

Por lo tanto, al igual que en el tiempo de Rahab estamos viendo como hoy ciudades enteras están siendo destruidas ya sea por guerrillas, desastres naturales, terremotos, tsunami, y violencia civil. El mundo esta viviendo uno de los peores momentos de su historia. Aun los mismos científicos están enloqueciendo por las cosas que están sucediendo. Se acerca un tiempo de crisis en masas y no se sabe a ciencia cierta lo que sucederá pero solo es cuestión de tiempo. Dios nos ha venido advirtiendo por mucho tiempo.

¿Qué sucederá? No lo sabemos pero si mientras tengamos la oportunidad deberíamos de arreglar nuestras vidas con Dios. Mientras tengamos vida hay esperanza; pero Dios desea que le entregues su vida hoy mismo mientras lees este libro. Al igual que Rahab serás librada si tan solo crees y le entregas su corazón a Jesús. En Juan 3:16 dice claramente que:

"Porque de tal manera amó Dios al mundo, que ha dado a su Hijo unigénito, para que todo aquel que en él cree, no se pierda, mas tenga vida eterna. Dios envío a su Hijo Unigénito para que todo aquel que en el crea o sea esta hablando de usted.

Has considerado alguna vez a donde ira su alma cuando usted fallezca. Sabes que nuestra carne muere pero nuestra alma vive para siempre y si hemos aceptado a Jesús como su único y exclusivo Salvador entonces, veras su rostro y estarás para siempre con el. Pero ¿que sucederá si mueres sin salvación? Las obras de caridad, las donaciones de mucho dinero, o las riquezas no nos salvaran del infierno. Pudiéramos ser las personas más buenas del mundo, pero Dios no nos justifica por nuestras buenas obras. Simplemente si estamos en desobediencia, no seremos salvos.

Mateo 16:26 dice "Porque ¿qué aprovechará al hombre, si ganare todo el mundo, y perdiere su alma? ¿O qué recompensa dará el hombre por su alma?" Luego hablando de adonde van los que mueren sin salvación, Mateo 24:51 lo explica claramente, "...y pondrá su parte con los hipócritas; allí será el lloro y el crujir de dientes." Bajo ninguna circunstancia Dios desea que usted vaya a este lugar terrible. Este lugar es para satanás y sus demonios no para nosotros, pero el hombre decide ir allá por cuanto prefiere los caminos del maligno. Dios no quiere que ninguna alma se pierda, sino que procedan al arrepentimiento.

Jesús fue encarnado en hombre para venir a este mundo a salvar la humanidad, vivió como hombre, para que nosotros podamos identificarnos con el. Jesús murió en la cruz del calvario por sus pecados y los míos también. Pero al tercer día resucitó, y aun vive, el no está muerto. Otros que proclamaron ser dioses murieron y sus seguidores aun esperan que se levanten, pero el único que la arqueología misma no lo puede desmentir, que demuestra que se levantó al tercer día y su cuerpo jamás pudieron encontrarlo, y se le apareció a multitudes de personas como testigos oculares de que en realidad el si resucitó, fue mi amado Jesús.

El Señor Jesús desea ser el dueño de su vida. Quiere guiarle en sus decisiones, desea darle alegría, felicidad y llenar ese vacío que usted tanto anhela llenar. Solo Cristo lo llenará, ven a sus brazos, el le espera con sus brazos abiertos para ser en su vida ese padre que a lo mejor nunca usted ha tenido, esa madre que le abandono, ese hombre que le traicionó que usted necesitaba pero le traiciono, en Jesús encontrarás salvación, paz y felicidad. Aunque en su cultura la prostitución sea legal, no quiere decir que esta bien hacerlo.

A lo mejor usted se encuentra en este ambiente y esta deseosa por salir de esta condición pero no puede con sus propias fuerzas, y es que nunca podrá por usted sola. Necesitas la ayuda de Dios para que puedas lograrlo. A lo mejor ya lo has intentado hacer pero siempre fracasas y no tiene la voluntad para dominar la situación, pero Dios si lo puede hacer. Rahab la ramera escuchó hablar del Dios de Israel que libró al pueblo de manos de los tiranos Egipcios y los sacó con mano poderosa llevándolos a la Tierra prometida donde los bendeciría.

Usted puede ser una de las Rahab de este tiempo que no se conformaran con ser destruida por el maligno, sino que creerás al Dios de Israel que serás perdonada y restaurada. Dios quiere salvar su alma y ayudarle a comenzar una nueva vida. Si Dios lo ha hecho con tantas mujeres que ya han salido de la prostitución, lo puede hacer también con usted. No esperes más, ven a el.

Forzada

Uno de los testimonios más triste que he escuchado es el de una gran sierva de Dios que hoy día predica en todos los lugares dando su testimonio, pero su pasado fue muy doloroso y lleno de muchas heridas. Cuando apenas tenia cinco años de edad su propia madre la entregó a su padrastro consistiendo ella misma en la violación. Al sus padres ir a la carcel por lo sucedido, como consecuencias ella se crió en orfanatorios, donde también le maltrataron emocionalmente. Cuando ya era una jovencita, decidió escapar y se lanzó a las calles donde se prostituía y se vio forzada a cosas que la mente humana no puede imaginar.

Son muchos los casos que hemos escuchado de historias donde niñas y aun niños son victimas del trafico humano, de proxenetas, chulos o alcahuetas como se le llaman en algunos lugares, que esclavizan a las mujeres o a sus victimas no importando su edad. Ellas son expuestas a las bajezas mas insólitas que se puedan imaginar. Escuché el testimonio de una mujer que le sirve a Dios, pero cuando era una niña su madre se quitó la vida y ella fue expuesta por sus familiares a la prostitución sufriendo todo tipo de maltratos emocionales y físicos.

Otras historias similares y hasta de mujeres casadas pero con hombres que no producían nada en el hogar, ellas tenían que ir a prostituirse porque sus propios maridos las enviaban para mantener sus vicios y aparentemente darle de comer a los hijos. Hay sin números de casos en los que pudiéramos indagar en este momento, pero no tenemos el tiempo de hacerlo. Lo único que si sabemos es que para muchas mujeres la prostitución fue algo impuesto por obligación por personas que no tenían escrúpulos.

Estas situaciones causan mucho dolor y heridas en los corazones de estas mujeres queriendo muchas veces vengarse aun de sus parientes por todo lo que tuvieron que sufrir. Por ejemplo, leí la historia de una joven que a la edad de 16 años su madre simplemente le dijo "vete de la casa, ya no te puedo mantener, somos muchos" ella llorando y rogándole le decía "Pero a donde voy a ir, Mamá por favor, no me eches", pero a pesar de sus lagrimas, su madre endurecida por la vida, le dijo "Yo también tuve que sobrevivir allá, yo se que tu eres fuerte, vete que ya no cabes aquí."

Esta joven preciosa tuvo que sufrir tanto en las calles, sin ropa, sucia, no tenia que vestir, ni que comer, y creyó a la mentira de que debía de prostituirse para poder sobrevivir. Lamentablemente, satanás les engaña haciéndole creer que es la única solución, prostituir su cuerpo. Pero si hoy usted se encuentra en esta condición pensando que es la única alternativa, le tengo buenas noticias, no es la única alternativa. Aun hay gente buena que está dispuesta a ayudar a otros. Clame a Dios que le envié la persona adecuada y cuando llegue ese momento no lo dude y huya de ese mundo de oscuridad. No piense que todo está perdido, si usted desea en su corazón que quiere salir de este estilo de vida, no hay nadie que se lo impide. Pero usted deberá primero tomar la decisión en su mente y en su corazón.

Debe de tomar la determinación para que pueda lograrlo. Primero pida a Dios la ayuda sobrenatural, lo que usted no puede hacer, el lo hará. Pida a Dios conexiones divinas, gente que conozca de la Palabra de Dios y le ayuden a salir de esta condición. Luego ponga de su parte y no trate de exigir condiciones sino humildemente acepte la ayuda que le ofrezcan en lo que usted se levanta sobre sus pies y comienza una vida nueva. Comience una vida intima con Jesús, todos los días leyendo las Escrituras y orando mientras pides en sus oraciones que Dios le restaure completamente, que la liberte, y la transforme en un instrumento para su gloria.

No importa si usted se encuentra bajo las manos de un tirano que le abusa y le maltrata. El poder de Dios es único, grande, y poderoso. Nadie puede con el, si usted le pide a Dios de lo más profundo de su corazón que le abra una puerta de oportunidad para usted cambiar de vida, el lo hará. El dice en su Palabra que el vino a rescatar y a salvar lo que se había perdido. Pida a Dios la ayuda que usted necesita. Confié en el y comience a proclamar sus grandezas aunque todavía no vea los resultados, Dios la sacará de esta condición, nos ponemos de acuerdo con usted creyéndole a Dios, quien es todopoderoso para hacer lo imposible posible, solo confíe.

La Palabra de Dios dice "Clama a mí, y yo te responderé, y te enseñaré cosas grandes y ocultas que tú no conoces," Jeremías 33:3. No te rindas pensando que todo esta perdido, aun hay esperanza. Si no hiciste la oración que colocamos anteriormente, la vuelvo a incluir para que la repitas en voz alta.

Padre Celestial:

Yo se que soy pecadora y que te he fallado pecando contra ti y que no me puedo salvar a mi misma. Acepto el sacrificio que hiciste por mi en la cruz del Calvario, enviando a Jesús tu amado hijo a morir en la cruz por mis pecados. Confieso mis pecados, y recibo tu perdón; escribe mi nombre en el Libro de La Vida y límpiame, cámbiame y purifícame a través de tu Espíritu Santo. Te pido que me des hambre por las cosas espirituales. En el nombre de Jesús, Amen.

Jesús te ama, nunca lo dudes y recuerda que el cambio comienza en su mente. No permitas que satanás siga engañándole, no puedes pensar que toda su vida estarás haciendo esto, que naciste para prostituirte, aunque la vida le ha maltratado y le ha lanzado sin misericordia a la esclavitud donde hoy se encuentra, usted no tiene porque continuar ahí. En la Biblia encontramos a un hombre que estaba necesitado de un milagro para su hijo quien estaba siendo atormentado por un demonio. Cuando lo trajo a su hijo mira lo que sucedió: "Jesús le dijo: —Si puedes creer, al que cree todo le es posible. Inmediatamente el padre del muchacho clamó y dijo:—Creo; ayuda mi incredulidad."

Si no puedes creer, pídele a Dios, Señor ayuda mi incredulidad. Jesús quiere que usted crea, y que le pida solo a el que cambie su vida. Clama de lo más profundo de su corazón y dígale "Cámbiame Señor", estoy segura que Dios no le rechazará y vendrá a su auxilio. Solo confía en el, y pronto usted podrá ver su sueño hecho realidad. Espere obstáculos, porque el enemigo de su alma no querrá que usted salga de sus garras en las que le ha tenido por mucho tiempo. No piense que su respuesta llegará en un segundo, aunque si así fuera, gloria a Dios por eso. Pero esté dispuesta a pelear la batalla hasta que logre alcanzar los resultados deseados.

Cuando Dios la creó lo hizo con propósitos, y antes de usted nacer ya Dios le había separado para el. Su enemigo le hizo la guerra y la alejó de los planes que Dios había trazado para usted. Pero lo único que usted deberá hacer es volver en si y darse cuenta que Dios siempre la ha amado y nunca le rechazará. Has escuchado la parábola del hijo prodigo, un joven que por su ignorancia insistió irse de la casa de su padre con la herencia que le pertenecía. Se fue lejos y malgastó todo el dinero con mujeres, amigos y en la vida loca. Pero cuando se acabó el dinero, todos los que se llamaban sus amigos le dieron las espaldas. Por causa de todo su pecado se encontró en lo más bajo de la sociedad en su tiempo, dándole de comer a los cerdos.

Dice la Palabra que aun deseaba comer de las algarrobas que se le daban a los cerdos. Mientras esta en esta condición donde lo había perdido todo; familia, amigos, y toda la herencia, se acordó de la casa de su padre. El pensando en como aun los empleados de su padre comían mejor que el, dice que volvió en si.

Y volviendo en sí, dijo: !Cuántos jornaleros en casa de mi padre tienen abundancia de pan, y yo aquí perezco de hambre! Me levantaré e iré a mi padre, y le diré: Padre, he pecado contra el cielo y contra ti. Ya no soy digno de ser llamado tu hijo; hazme como a uno de tus jornaleros. Y levantándose, vino a su padre. Y cuando aún estaba lejos, lo vio su padre, y fue movido a misericordia, y corrió, y se echó sobre su cuello, y le besó. Y el hijo le dijo: Padre, he pecado contra el cielo y contra ti, y ya no soy digno de ser llamado tu hijo. Pero el padre dijo a sus siervos: Sacad el mejor vestido, y vestidle; y poned un anillo en su mano, y calzado en sus pies. Y traed el becerro gordo y matadlo, y comamos y hagamos fiesta; porque este mi hijo muerto era, y ha revivido; se había perdido, y es hallado. Y comenzaron a regocijarse. Lucas 15:17-24

Haz hoy como el hijo prodigo y ven a los brazos de tu Padre Celestial quien quiere volver a bendecirle y tenerle en casa. El padre no rechazó a su hijo después de haber malgastado todo perdidamente. Sino que lo perdonó y lo restauró. Cuando un pecador se arrepiente dice la Palabra que hay una fiesta en los cielos. Lucas 15:10 dice *"Así os digo que hay gozo delante de los ángeles de Dios por un pecador que se arrepiente."*

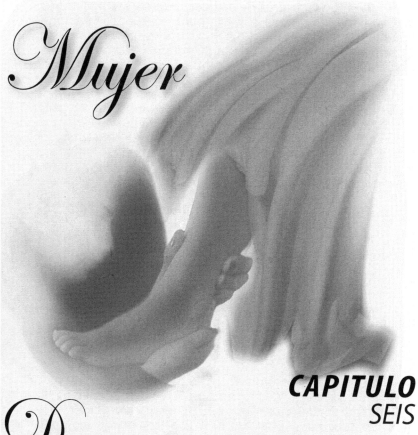

Mujer

CAPITULO
SEIS

*D*esprecio y burla es lo que experimentan la mayoría de las prostitutas. Mujeres con el corazón hecho pedazos, es la mejor manera de describirlas. Mujeres que sufren a escondidas y muchas veces aparentan lo contrario, para poder sobrevivir en el mundo de la prostitución. Quisiera contarles de una mujer que había sufrido el desprecio y la burla de la sociedad, usaba atavíos que anunciaban a todos que era una mujer pecadora. El grito angustiado de un corazón cansado de sufrir hacía eco en el alma y la consciencia de esta mujer.

El pecado esclaviza y encadena el alma del ser humano reduciéndolo a lo más bajo que nunca esa persona se hubiera podido imaginar. El alma de esta mujer gritaba con angustia por el momento de su liberación. Algo importante podemos aprender de ella, no dejo pasar la oportunidad que la vida le regaló cuando supo de Jesús. Esta mujer pecadora se atrevió a hacer algo por lo que fue criticada por muchos, pero elogiada por el hombre mas hermoso que pudiera existir.

Cuando leí acerca de ella por primera vez, me impactó mucho y me identifique con ella porque al igual, también yo era una pecadora, pero un día rompí mi frasco de alabastro y derramé mi alma delante de la presencia de Dios, quien me perdonó y me aceptó sin rechazarme. Dios transformó mi vida y me dio la felicidad que yo andaba buscando. Nada pudo llenar el vacío que había en mi alma, solo el poder restaurador de Dios lo pudo hacer. Hoy puedo decir que soy feliz, tengo un hogar feliz y le sirvo a Dios en espíritu y verdad. Esta mujer demostró su desesperación por un cambio, su determinación se hizo notoria cuando no le importó su condición ni lo que la gente dijera de ella, simplemente se atrevió a llegar ante la presencia del único que podía cambiar su vida.

Nunca la conocí pero sí me hubiera encantado poder tener el privilegio que tuvo ella, de conocer en persona al hombre mas hermoso, bueno, y tierno, que jamás haya existido. Ella tuvo la oportunidad de conocerle en persona al amor de mi vida—a quien amo y de quien estoy totalmente enamorada—su voz es tan tierna y dulce, su hermosura arropa todo mi ser. Su comprensión transciende los mares, su amor es infinito, aunque lo trate de dejar, el nunca me abandona, sigue insistiendo en nuestro amor, ese es Mi Jesús, mi amado. El es quien me ha robado el corazón, y por supuesto, con todo mi consentimiento.

El me ha acostumbrado a el de tal manera que ya no puedo vivir sin el. Me derrito ante su presencia, cuando me llama de madrugadas y me dice, "ven, conversemos," no lo puedo evitar, tengo que levantarme y hablar con el. Me acompaña a todos lados, es mi protector, esta conmigo cuando todos me abandonan, el siempre esta a mi lado, me consuela y me da amor. Se ha convertido en mi mejor amigo, mi padre celestial, mi consejero, mi psicólogo, mi mentor, en fin, el es todo para mi.

Esta mujer era conocida por todos por su condición de pecadora, sin embargo su nombre se mantiene oculto. Lo único que se sabe de ella es que no era de buena reputación, por esta razón se asume que era una prostituta. Leamos el relato que ocurrió mientras Jesús se encuentra en el hogar de Simón el fariseo e imagínese la escena mientras lee el contexto:

FRASCO DE ALABASTRO

36 Uno de los fariseos rogó a Jesús que comiese con él. Y habiendo entrado en casa del fariseo, se sentó a la mesa. 37 Entonces una mujer de la ciudad, que era pecadora, al saber que Jesús estaba a la mesa en casa

del fariseo, trajo un frasco de alabastro con perfume; 38 y estando detrás de él a sus pies, llorando, comenzó a regar con lágrimas sus pies, y los enjugaba con sus cabellos; y besaba sus pies, y los ungía con el perfume. 39 Cuando vio esto el fariseo que le había convidado, dijo para sí: Este, si fuera profeta, conocería quién y qué clase de mujer es la que le toca, que es pecadora. 40 Entonces respondiendo Jesús, le dijo: Simón, una cosa tengo que decirte. Y él le dijo: Di, Maestro. 41 Un acreedor tenía dos deudores: el uno le debía quinientos denarios, y el otro cincuenta; 42 y no teniendo ellos con qué pagar, perdonó a ambos. Di, pues, ¿cuál de ellos le amará más? 43 Respondiendo Simón, dijo: Pienso que aquel a quien perdonó más. Y él le dijo: Rectamente has juzgado. 44 Y vuelto a la mujer, dijo a Simón: ¿Ves esta mujer? Entré en tu casa, y no me diste agua para mis pies; mas ésta ha regado mis pies con lágrimas, y los ha enjugado con sus cabellos. 45 No me diste beso; mas ésta, desde que entré, no ha cesado de besar mis pies. 46 No ungiste mi cabeza con aceite; mas ésta ha ungido con perfume mis pies. 47 Por lo cual te digo que sus muchos pecados le son perdonados, porque amó mucho; mas aquel a quien se le perdona poco, poco ama. 48 Y a ella le dijo: Tus pecados te son perdonados. 49 Y los que estaban juntamente sentados a la mesa, comenzaron a decir entre sí: ¿Quién es éste, que también perdona pecados? 50 Pero él dijo a la mujer: Tu fe te ha salvado, ve en paz.
Lucas 7:36-50 (RVR1960)

MI VIDA COMO PERFUME A SUS PIES

Imaginase usted como la protagonista en esa escena. Eres muy conocida, pero por la mala reputación. Saben que usted se dedica a la prostitución. Sientes los desprecios y rechazos de todos alrededor y aun de aquellos hombres que en publico la menosprecian pero a escondidas procuran sus servicios. De manera que siente el látigo castigador del desprecio litigando en su conciencia día tras día.

Por razones obvias despertó hoy como tantos otros días, con sentimientos de culpa por ser la razón de contienda y rupturas en muchos hogares por el hecho de acostarse con maridos ajenos. Como siempre, el sentimiento de culpabilidad, tristeza y de soledad. La depresión y la angustia de preguntarse hasta cuando tendrá que hacer esto y por que no puede salir de esta condición. Usted misma se pregunta. --¿Podrá algún día un hombre serio fijarse en mi y proponerme matrimonio.

Como consecuencia usted se siente una mujer sin identidad, que nadie la valora, que todos los hombres la usan y que nunca podrá cambiar su situación.

Pero de pronto escucha un alboroto, escucha la gente murmurar y hablar mientras todos se dirigen inmediatamente a un específico lugar. Al ver la conmoción se acerca y pregunta que sucede. Alguien le comenta,

--Jesús de Nazaret vendrá hoy cerca del vecindario, a casa de Simón el fariseo, viene a cenar con sus discípulos. "

--¡Jesús!, ¿Ese es el que dicen que hace milagros?"

--¡Sí!, ese mismo, ¿El que sanó a la hija de Jairo y levantó a Lázaro después de cuatro días de muerto? ¿El que sanó a la mujer que tenia un flujo de sangre por 12 años y gastó todo lo que tenia en los médicos; pero con tan solo tocar el borde de su manto, ella recibió la sanidad al instante? ¿El que liberó a María Magdalena de siete demonios, el que liberta a los que son atormentados por espíritus malignos?

Usted, queda pensativa, medita en todos los milagros que ha escuchado y otros que ya le habían mencionado. Medita en silencio y queda pensativa cuando le dijeron que otras mujeres pecadoras también habían sido libertadas de sus demonios y ahora le seguían en su ministerio. Un vislumbre de esperanza comienza a brillar en su ser. Preguntas en su interior comienzan a aflorar en su mente. Se pregunta a si misma...

--¿Podrá el libertarme a mi de esta condición en la que me encuentro? ¿Podrá darme la felicidad que he estado buscando? ¿Podrá alejar de mi vida estos espíritus que me seducen a vender mi cuerpo y me mantienen esclavizada a estas cadenas que me atan?

--Pero no, piensa usted, es que he cometido tantos pecados, me he ensuciado demasiado, he sido tan pecadora que no creo que el pueda perdonar mis muchos pecados. Su mente continua y no puede dejar de pensar...

--¿Pero que será de mi vida si continuo en esta condición? ¿Valdrá la pena intentarlo?, o simplemente dejo pasar esta oportunidad. ¿Que tal si me rechaza?, el es muy santo, yo soy pecadora. Estará comiendo en una casa de un fariseo, de seguro no podre ni acercarme. Me reconocerán inmediatamente y me prohibirán acercarme a el. No. No creo que iré. --¡Pero es que me siento tan mal! A veces hasta quisiera acabar con mi vida, porque no deseo vivir mas así. Por eso es que tomo licor, uso pastillas y drogas, para tratar de olvidarlo todo. Pero por más que lo intento no soy feliz, ya no lo puedo soportar. ¡En realidad, deseo ser feliz!

--Pero en realidad no creo que la felicidad exista.

Aunque creo que de todos modos vale la pena intentarlo. Si no me arriesgo no sabré si esta pudiera ser la oportunidad de mi vida. Si no lo intento continuare de mal en peor. Y que tal si lo intento y tengo buenos resultados. Iré.

--¡Llegaré!, No importa que digan de mi.

Después de todo ya mi mala reputación no deja nada bueno que decir.

--¡Me acercare!, Iré y le pediré que me sane, que me liberte de todos estos espíritus inmundos que no me dejan vivir en paz. Iré y le llevare lo único valioso que tengo.

--Mi perfume de alabastro que he guardado con tanto esmero.

Lo quería para una ocasión especial, pero no importa, lo usaré hoy. No me interesa cuan valioso sea, y cuanto me haya costado, lo entregaré...,

--Lo entregare todo, si tan solo puedo ser libre.

Determinada, entra en su habitación, busca en su caja fuerte donde guarda lo que para usted son los tesoros más valiosos que pueda tener. Toma la caja de alabastro donde guarda el perfume y lo contempla y suspirando se pregunta una vez mas,—¿Valdrá la pena? Y se responde a usted misma "Debo intentarlo."

Con apresto y pasos presurosos sale de su habitación y se marcha por las calles polvorientas y agrietas de la ciudad. Con sus cabellos largos como quien golpea el viento corre de a prisa; golpeando el suelo polvoriento con sus sandalias apretadas, y sus vestidos ondeando. Adelantando, pasa desapercibida por los callejones y encrucijadas de los suburbios mientras con firmeza y aunque con respiración entre cortada avanza con gran determinación. Mientras apresurada se va acercando, a lo lejos puede ver la multitud cerca de la casa donde se encuentra Jesús y sus discípulos.

Abruptamente se detiene y con paso lento continua su progreso, caminando lentamente pero con su corazón palpitando fuertemente, su pecho agitado, y su mirada de desasosiego frente a las miradas de los que la puedan observar. Sus vestimenta y atavíos delatan su vida de pecado y su mala reputación, no hay forma de esconderse del látigo acusador y del dedo amenazador de la multitud.

Lentamente abriéndose paso entre medio de la multitud e ignorando las miradas de desprecio y rechazo de los cuellos erguidos se va acercando a la puerta. Asomada su cabeza y desde las afuera observa como comparten, ríen y hablan los invitados sentados a la mesa, mientras todos los curiosos tildando por las ventanas y a la puerta. El gigante de la intimidación comienza a acusarla, y con su rostro cabizbaja deberá tomar la decisión de su vida.

Hasta ahí había logrado llegar impulsada por el poco valor que aun retenía. Ahora le toca enfrentarse al último obstáculo antes de llegar a Jesús. El monstro del miedo al rechazo se levantaba como gigante impuesto e indolente mientras se asomaba al momento de la gran decisión. Su respiración entrecortada, su corazón latiendo a mil latidos, el último gran obstáculo que la separaba de su milagro. Entrar en aquel lugar lleno de personas decentes, de muy alta categoría y con el invitado especial, el que decían que era el Mesías, parecía estar lejos de su realidad.

De pronto siente un arranque en su espíritu y un golpe a su orgullo de mujer, que aunque herida, aun se imponía con elegancia y osadía, decidiendo entrar en silencio hasta llegar a donde Jesús se encuentra. Detrás queda el despliegue de sus pies con ellos hacia sus espaldas. Mucho mejor que darle la cara de frente. Mientras todos quedan en silencio, las miradas se vuelven hacia usted. Con su rabito del ojo puede sentir y ver los rostros de desprecios y la confusión de los invitados que no saben que hacer, como reaccionar, parecen detenidos en el tiempo.

En su alma usted sabe que esa es la única oportunidad antes que la saquen afuera para apedrearla por haber entrado a la casa de un fariseo siendo pecadora y sin haber sido convidada. Pero aun arriesgándolo todo, con su mirada hacia el suelo llega hasta donde esta el y se postra a los pies del Maestro. Avergonzada e indigna de mirarlo a los ojos, comienza a sollozar, es su momento de derramar todo su corazón ante la presencia del que todo lo puede. Impactada por el amor y la presencia de un ser increíblemente tierno y cordial lleno de amor.

Con una unción poderosa sientes un toque en su espíritu que le toca tan profundamente que lagrimas comienzan a bajar por sus mejillas. Sientes que la santidad de el hace más pecadora e indigna. Pero el conmovido por sus lagrimas y sollozos detiene su tierna mirada de amor mientras al mismo tiempo ese amor de Jesús la arropa a tal grado que pareciera como si dos manos gigantescas se han posado sobre usted dándole un abrazo que abarca todo su universo.

Las lagrimas aumentan y mojan los pies del Maestro, entre besos, sollozos y caricias enjugas los pies del maestro mientras sacas el perfume de alabastro y lo derramas sobre sus hermosos pies para luego secarlos con sus cabellos. El temor es precedido por la valentía, y ya ni le interesa quienes están a su alrededor. Para usted, solo existen usted y El.

Mientras tanto los invitados observan tal escena y murmuran porque conocen su reputación. Simón piensa en su mente, sin decir palabras pero delatado por su mirada...

--Si este fuera profeta, sabría que clase de mujer es esta quien le toca.

Jesús conociendo sus pensamientos lo confronta con la realidad de quien a más se le perdona más ama. En otras palabras Simón era religioso y se creía justificado y como nunca se había arrastrado en el pecado, como la mujer pecadora creía que ya tenia el cielo comprado.

Me encanta esta escena porque muestra claramente lo que Dios hace con nosotros. Todos éramos pecadores y dice la Palabra que aun cuando estábamos muertos en delitos y pecados, Jesús murió por nosotros. En otras palabras ninguno de nosotros merecemos que el muriera por nosotros pero aun así el tomo nuestro lugar y se entregó por esta humanidad. Jesús termina diciéndole a la mujer pecadora que sus pecados le son perdonados. Jesús le dijo que su fe le había salvado y que se fuera en paz. Ella inmediatamente fue libre y recibió la paz de Jesús.

Un perfume de nardo que era uno de los mas exóticos y costosos perfumen que existían en este tiempo era el típico que se guardaba en el frasco de alabastro y que tenia el valor de casi un año de salario. Si vemos el valor en este tiempo estamos hablando de aproximadamente unos $15,000 dólares americanos, esto es basado en un salario mínimo de tan solo $8.00 la hora.

Ósea que era un perfume muy costoso, se usaba en este tiempo solo para los ricos y ocasiones muy especiales, no todo el mundo podía tener esta clase de perfume. Se cree que era lo más valioso que esta mujer poseía y había tenido que ahorrar casi toda su vida para poder tenerlo.

Mujer usted es ese costoso perfume que se encuentra en el frasco de alabastro. Hoy quiebra ese frasco y derrámalo completamente ante los pies del Maestro. ¿Cuantos años de sufrimientos has tenido, cuantos menosprecios? Lo más autentico y costoso esta dentro de ti, derrámalo antes Jesús y serás perdonada, amada y aceptada. Que es lo más valioso que usted posee, creo que su alma, venga y derrámela delante de la presencia del Señor Jesús y permita que el le perdone y le restaure. Inténtalo porque valdrá la pena.

Perdonada

Una de las batallas más grandes que se tiene a diario es la culpabilidad. Después que el enemigo la engaña y la tiene esclavizada, le acusa a diario. Lamentablemente muchas se tornan al alcohol y las drogas para tratar de olvidar, pero es imposible olvidar una realidad que le rodea a diario. Si eres una de ellas y se siente triste constantemente, en depresión, en soledad; desconfías de los hombres que se le acercan y lo peor de todo, no se puede perdonar usted misma; quiero decirle que hay esperanza para usted. Hoy puedes dejar de sufrir y volver a empezar. Jesús vino a salvar y rescatar lo que se había perdido. Si usted se encuentra perdida en esta vida y llena de sufrimientos, desprecios, rechazos y depresión, Jesús llegó para decirle que el le ama y está dispuesto a libertarla. Dios es amor, el no hará nada que le dañe a usted, Dios no la creó para que usted viva de la prostitución.

No importa cual haya sido la circunstancia que satanás uso para llevarla hasta esta condición hoy es un día nuevo para usted. Hoy el Señor de los cielos ha venido a buscarla para darle vida nueva, para cambiar su estilo de vida, para limpiarla y restaurarla. El quiere demostrarle su poder y libertarla de esta condición en la que usted se encuentra. El solo quiere que le aceptes y le entregues completamente su corazón. Que renuncie a ese espíritu que le hace prostituirse y que haga de Jesús el Señor de su vida. No hay nada imposible para Dios si tan solo usted se atreve a creer.

Si se encuentra en depresión, soledad, pensamientos suicidas, cansada de sufrir en silencio sintiéndose rechazada por la sociedad; si lloras al ver como otras mujeres tienen sus familias, y son felices. Hoy es su turno, llegó su momento para tener la felicidad que tanto ha deseado en su corazón. Si se siente sucia, culpable, y pecadora, entonces puedes venir a los pies de Jesús tal y como estas, porque el es especialista cambiando corazones, transformando vida y restaurando el valor de la mujer. El restaurara su valor como lo hizo con aquella mujer pecadora que se postró a sus pies y lloró hasta que sus lagrimas bañaban los pies del maestro, luego los secó con sus cabellos. El no la despreció ni la rechazó, todo lo contrario, la perdonó y le dijo "Ve en paz" y perdono sus pecados. Después de tener ese encuentro con Jesús ella salió de su presencia perdonada y salva. Salió con un nuevo comienzo.

Dios le quiere restaurar, el quiere cambiar su vida, satanás le ha engañado pero Dios vino para libertarle y darle alegría en lugar de tristeza. El Espíritu de Jehová esta aqui para libertarle y darle nueva vida, sólo clama a el, y verás como Dios hará el milagro. No temas las amenazas del enemigo, Dios es más fuerte, satanás es un ángel caído, pero Dios es el Único Dios verdadero que tiene todo el poder, la autoridad, el imperio por los siglos de los siglos. Solo ven a el tal y como se encuentra, el no le despreciará. Escucha mujer estas palabras que Dios pone en mi espíritu especialmente para usted.

Perdonada Para Siempre Serás
Cuando todos le miran de lado y con desprecio,
Cuando los suyos le abandonan dándole la espalda,
Y en medio de su soledad no encuentras a quien acudir.

Cuando en la noche lloras a solas sobre su almohada,
Llenando su cama de lagrimas mientras su dolor aflora
Dentro de su alma como =el rocío en la madrugada.

Cuando siente que su corazón se rompe en mil pedazos,
Y al mirar a su alrededor tratando de buscar tan solo alguien,
Pero al parecer no hay nadie quien pueda mutilar su dolor.

Cuando sus ojos cansados no pueden más lagrimas derramar,
Y aunque su corazón desesperanzado continua sollozando,
Hasta que al fin sientes que ya no lo puedes soportar.

Cuando le tratan como un objeto de poco valor,
Para luego marcharse provocando aun mas dolor,
Dejando marcas y heridas en su triturado corazón.

Solo deténgase un momento y mire a su alrededor.
Medita en el y solo así escucharas su dulce voz.
Jesús vino hoy a visitarle, vino a darle gran valor.

Tan solo el, es el único que su tristeza quitará,
Llenando de la verdadera paz todo su interior.
Sanando y restaurando su cansado corazón.

El no le obligará, pues es todo un caballero
Pero si le escuchas y le abres su corazón,
Su tierna y preciosa voz usted escuchará.
Enamorandose de el toda su vida cambiará.

Jesús le ama, dele hoy una oportunidad.
Así su vida un nuevo rumbo tomará.
Hazlo ya y no esperes más, porque hoy,
Perdonada para siempre serás.
Escrito Por ELI

Con Dios su vida jamás será la misma. Jesús dijo **"La paz os dejo, mi paz os doy; yo no os la doy como el mundo la da. No se turbe vuestro corazón, ni tenga miedo,"** (Juan 14:27).

En otras palabras solo cuando usted venga a Jesús va a sentir la paz que usted anda buscando. La paz verdadera que necesita. A lo mejor usted ha intentado diferentes religiones, diferentes sectas, o idolatría y nada le ha funcionado, pero solo venga a Jesucristo, porque solo el salva, solo el liberta y solo el restaura.

Juan 14:6 dice muy claro "Jesús le dijo: Yo soy el camino, y la verdad, y la vida; nadie viene al Padre, sino por mí."

No es a través de ninguna entidad espiritual que proclame ser la luz, solo Jesucristo salva. Solo el fue quien murió en la cruz del Calvario y resucitó al tercer día y esta a la diestra del Padre intercediendo por nosotros. Solo su nombre tiene poder, porque Dios le dio un nombre que es sobre todo nombre sobre el cual toda rodilla se doblará y confesará que el es el Señor.

El dijo en Mateo 11:27-29 *"Venid a mí todos los que estáis trabajados y cargados, y yo os haré descansar. Llevad mi yugo sobre vosotros, y aprended de mí, que soy manso y humilde de corazón; y hallaréis descanso para vuestras alma."*

El descanso para su alma solo Cristo Jesús se lo dará, le garantizo que ningún dios falso podrá darle lo que Dios le puede dar. Busque un lugar donde se alabe al Dios verdadero, donde se adore en espíritu y verdad, donde se predique el evangelio completo y haya un ministerio de liberación. Ahí oraran por usted y serás libre cuando le ministren liberación para que usted pueda ser libre de todas las ataduras que el enemigo ha puesto en su vida.

Si crees que no vale la pena, piénsalo nuevamente le aseguro que su vida será diferente y no se arrepentirá. Quiero que sepas que no tiene usted que vivir como hasta hoy, hay perdón para su alma, inmediatamente que clames a Dios y confieses sus pecados, el ha prometido que el no despreciará un corazón contrito y humillado. Si verdaderamente clamas a Dios con todo su corazón y le pides ayuda para salir de esta condición, usted será libre.

Jesús vino a libertar y a salvar lo que se había perdido. Por el poder de la Palabra de Dios ese demonio tendrá que huir cuando renuncies a el y aceptes a Jesús como su único y exclusivo salvador. Jesús le ama y el desea lo mejor para usted, entrégale su corazón hoy y deja que el trabaje en usted.

Adelante en el Señor, no temas que Dios estará siempre con usted. Deseo de lo más profundo de mi corazón lo mejor para usted y si este libro ha sido de bendición queremos saberlo. Puede enviarnos un email a jdnpublications@verizon.net o escribirnos a JDN Publications, P.O. Box 741, Taunton, MA 02780.

Para Más Información acerca de
este libro y para publicar con nosotros
por favor visitenos o escribanos:

Haciendo Su Sueños,
Una Realidad...

www.jdnpublications.com
Tel. 508-880-8521
P.O. Box 741, Taunton, MA 02780

Nathiel es un gran ejemplo de perseverancia,
el dice que sólo es el comienzo, que hará muchos libros.
El ama a Dios y sabe que Dios tiene grandes propósitos con el.

DIOS
CREÓ
LOS CIELOS Y LA TIERRA

ESCRITO POR
NATHIEL J. ISAAC

De Sólo Seis Años de Edad
Con Un Futuro Muy Prometedor

DESDE LA EDAD DE CUATRO NATHIEL COMENZÓ A CREAR SUS PROPIOS
LIBROS. SIN EMBARGO, NO FUE SINO HASTA LA EDAD DE SEIS AÑOS, QUE POR
SU CONTINUA INSISTENCIA Y PERSEVERANCIA PARA HACER LIBROS PARA
VENDER, SU MADRE, QUE TAMBIÉN ES ESCRITORA, ACEPTÓ EL RETO DE
AYUDARLE A REALIZAR SU SUEÑO.

SU PRIMER LIBRO DIOS CREÓ LOS CIELOS Y LA TIERRA HABLA DE LA
OBRA DE LA CREACIÓN EN SUS PROPIAS PALABRAS, INTRODUCIENDO A JESÚS
Y SU PLAN DE SALVACIÓN. ÉL DICE QUE ESTE ES SÓLO EL PRINCIPIO "VAMOS A
SEGUIR HACIENDO MÁS Y MÁS LIBROS".

NATHIEL ES UN GRAN EJEMPLO DE PERSEVERANCIA Y ESFUERZO PARA AL-
CANZAR NUESTROS SUEÑOS. ÉL DICE QUE SERÁ PASTOR DE UNA IGLESIA
GRANDE Y ESCRIBIRÁ MUCHOS LIBROS. ÉL VIVE CON SUS PADRES EDNA Y
FRANCISCO, JUNTO A SUS TRES HERMANAS CHARALIZ, KRYSTALIZ Y ÁNGELIZ
ISAAC.

AHORA SU OBJETIVO ES LOGRAR VENDER MILES DE LIBROS. ÉL AMA A
DIOS Y SABE QUE DIOS TIENE UN PROPÓSITO ESPECIAL EN SU VIDA Y TIENE FE
QUE LO LOGRARÁ.

ISBN 978-1938432-04-0
50495>

JDN
Publications

9 781938 432040

Que Dicen Los Lectores...

"...Yo leo muchos libros cristianos, pero nunca ninguno me ha hecho llorar de leer la introducción."
-Iris Raíces, Puerto Rico-

"Este libro es una bendición, yo lo recomiendo a todos no importa si es joven o adulto, Dios me bendijo a mí y también te puede bendecir a ti."
Marangelys Cortijo, Taunton, MA

QUE DICEN ALGUNOS DE LOS LECTORES QUE HAN TENIDO LA OPORTUNIDAD DE LEER

"Aprendiendo A Volar Sobre La Tormenta"

"Poseo un promedio de 200 libros, pero a mis manos llegó su libro Aprendiendo a Volar Sobre la Tormenta... Su libro es una Jóya, posee un lenguaje ameno, un tema muy interesante, actual y sobre todo verdadero... Es un libro respaldado por las Escrituras, es una guía genuina para aprender a volar sobre la tormenta..."
-Milagros Muñiz, Puerto Rico-

"Definitivamente que cambiará su vida. A la vez que lo empiezas no lo puedes soltar. Es un libro penetrante el cual puede contestar muchas preguntas que se está haciendo ahora mismo. Se lo recomiendo. Su vida será bendecida."
-Iris Rivera, New Bedford, MA-

Pidalo en su libreria favorita o a través del Internet
www.jdnpublications.com, amazon.com, etc...

Volver A Empezar

Aceptando el Desafío...
Aun En Las Temporadas
Mas Decisivas de la Vida

**UN LIBRO QUE
MARCARÁ SU VIDA**

Escrito Por Edna L. Isaac

¿Alguna vez has tenido que confrontar situaciones en su vida y no tiene la más minima idea de cómo volver a empezar? En estas páginas disfrutarás de enseñanzas y experiencias que comparte la autora que le llevarán a un nuevo nivel de madurez espiritual. Por fin podrás aprender a escuchar la voz de Dios y a cumplir su propósito disfrutando de esta hermosa jornada.

Si usted ha leido "Aprendiendo A Volar Sobre La Tormenta" (2010), y su vida fue impactada como muchos están testificando, prepárese para disfrutar de este libro que tocará lo más profundo de su corazón.

La Pastora Edna L. Isaac viaja a muchos países llevando la Palabra del Señor a través de prédicas, conferencias, y enseñanzas ungídas por el Espíritu Santo.

Actualmente esta pastoreando la Iglesia Casa de Adoracion Inc. ubicada en la ciudad de Taunton, Massachusetts, junto a su esposo Francisco J. Isaac, sus tres hijas Charaliz, Krystaliz, Angeliz y su hijo Nathiel. Su hijo Nathiel ha decidido seguir sus pasos publicando su primer libro a la edad de seis.

"Volver A Empezar"(2012) ISBN 978-1-938432-01-9

*Para invitaciones o más información,
llame al 508-880-8521
o escriba a jdnpublications@verizon.net
o Visite nuestra página de web*

HOJA PARA ORDENAR

📧 *Ordenes por email:* jdnpublications@verizon.net
☎ *Ordenes por Teléfono ó* 📠 *Fax:* (508) 880-8521
📱 *Ordenes Por Celular ó* 💬 *Mensaje De Texto:* 508-405-6738
📮 *Ordenes por correo, Favor de enviar su hoja para ordenar a:*
JDN Publications, P.O. Box 741, Taunton, MA 02780

Favor De Enviar Los Siguientes Libros. Yo Entiendo Que Tengo Un Periodo De 30 Días Para Devolver Cualquier Producto Por La Devolución De Mi Dinero.

Cantidad   Nombre o Descripción del libro

_____   _____

_____   _____

_____   _____

Favor de enviar mas información completamente gratuita acerca de

☐ Otros Libros Disponibles   ☐ Eventos Especiales
☐ Promociones Especiales   ☐ Para Invitaciones A Eventos
☐ Como Publicar Mi Libro Con JDN Publications

Nombre: _____

Dirección _____

Ciudad _____ Estado _____ Zip _____

Email: _____

Sales Tax: Para Envios En MA, Favor De Añadir $6.25% Sale Tax Del Estado.

Envio y Manejo:

Ciudades en los EU: $3.99 por el primer libro y $2.99 por cada libro adicional.
Internacional: $8.99 por el primer libro y $4.99 adicional por cada libro.

Forma de Pago:

☐ Cheque   ☐ Money Order   ☐ Credit Card
☐ Visa   ☐ MasterCard   ☐ Optima   ☐ Discover

Numero Tarjeta: _____

Nombre en la tarjeta _____ Fecha Exp. _____ / _____